My First Bilingual Book

Christmas
Boże Narodzenie

ENGLISH - POLISH
ANGIELSKI - POLSKI

No part of this book may be reproduced or transmitted in any form or by any means, electronic or mechanical, including photocopying, recording or by any other form without written permission from the publisher.

If you like our products, please write a review on Amazon!
We are small family publishers and
every feedback from you is very important for us.

Copyright 2021. All Right Reserved

SANTA CLAUS
ŚWIĘTY MIKOŁAJ

SANTA'S SLEIGH
SANIE MIKOŁAJA

REINDEER
RENIFER

CHRISTMAS TREE
CHOINKA

CHRISTMAS GIFTS
PREZENTY

WRAPPING PAPER
PAPIER DO PAKOWANIA

CHRISTMAS CARD
KARTKA Z ŻYCZENIAMI

CHRISTMAS BALL ORNAMENTS
BOMBKI

WREATH

WIENIEC

CANDLES
ŚWIECZKI

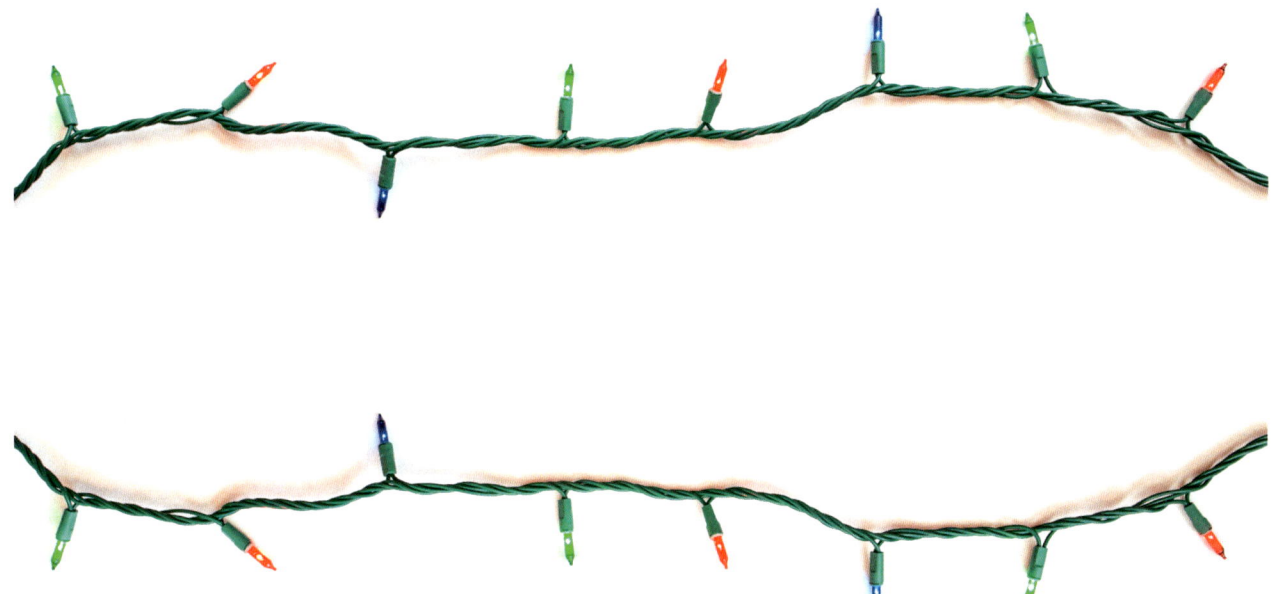

CHRISTMAS LIGHTS
LAMPKI

RIBBON
WSTĄŻKA

STAR

GWIAZDA

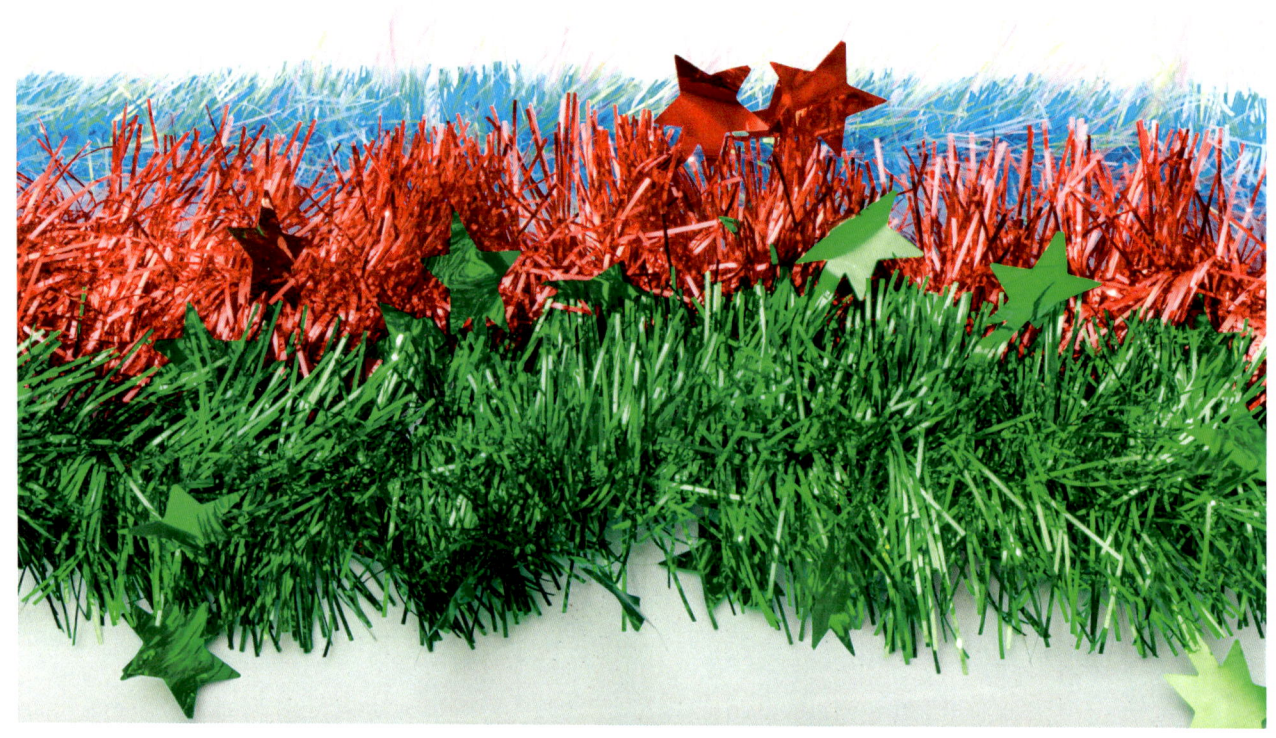

TINSEL
ŁAŃCUCH

BELLS
DZWONKI

POINSETTIA
GWIAZDA BETLEJEMSKA

HOLLY
OSTROKRZEW

MISTLETOE
JEMIOŁA

CANDY CANE
LASKA CUKROWA

GINGERBREAD HOUSE
DOMEK Z PIERNIKA

GINGERBREAD
PIERNICZEK

POPPYSEED CAKE
MAKOWIEC

BORSCHT WITH DUMPLINGS
BARSZCZ Z USZKAMI

FIREPLACE
KOMINEK

STOCKING
SKARPETA NA PREZENTY

ELVES
ELFY

ANGEL

ANIOŁ

WAFEL

OPŁATEK

NATIVITY SCENE

SZOPKA

FAMILY TIME
CZAS Z RODZINĄ

TO OPEN THE GIFT
OTWIERAĆ PREZENT

TO SHARE A WAFEL
DZIELIĆ SIĘ OPŁATKIEM

TO DECORATE THE CHRISTMAS TREE
UBIERAĆ CHOINKĘ

TO WAIT FOR THE FIRST STAR
CZEKAĆ NA PIERWSZĄ GWIAZDĘ

TO SING CHRISTMAS CAROLS
ŚPIEWAĆ KOLĘDY

Made in United States
North Haven, CT
09 December 2021